¿Qué harías con una cola como esta?

What Do You Do With a Tail Like This?

Steve Jenkins & Robin Page

CLARION BOOKS

An Imprint of HarperCollinsPublishers

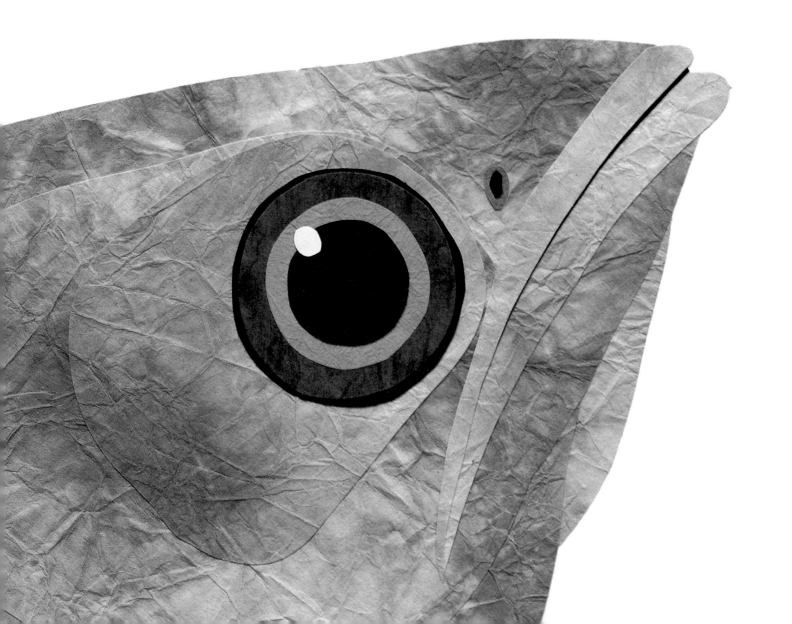

os animales usan su nariz, orejas, cola, ojos, boca y patas de muchas maneras. A ver si puedes adivinar a qué animal pertenece cada una de estas partes y cómo la usa. Al final del libro encontrarás más información sobre estos animales.

nimals use their noses, ears, tails, eyes, mouths, and feet in very different ways. See if you can guess which animal each part belongs to and how it is used. At the back of the book you can find out more about these animals.

¿Qué harías con una

What do you do with

nariz como esta?

a nose like this?

Si fueras un ornitorrinco,
usarías la nariz para
excavar en el lodo.

If you're a platypus,
you use your nose
to dig in the mud.

Si fueras una hiena,
la nariz te serviría
para encontrar
tu próximo almuerzo.

If you're a hyena,
you find your next meal
with your nose.

Si fueras un elefante, usarías la nariz para bañarte.
If you're an elephant, you use your nose to give yourself a bath.

Si fueras un topo, usarías la nariz para esconderte bajo tierra.

If you're a mole, you use your nose to find your way underground.

Si fueras un caimán, podrías usar la nariz para respirar mientras te escondes debajo del agua.
If you're an alligator, you breathe through your nose while hiding in the water.

¿Qué harías con unas orejas como estas?

What do you do with ears like these?

Si fueras
una liebre,
usarías
las orejas
para
refrescarte.

If you're a
jackrabbit,
you use
your ears
to keep
cool.

Si fueras un murciélago,
podrías "ver" con las orejas.

If you're a bat,
you "see" with your ears.

Si fueras un hipopótamo,
If you're a hippopotamus, you

Si fueras un grillo, oirías
con los oídos de las rodillas.

If you're a cricket, you hear with
ears that are on your knees.

cerrarías las orejas cuando estuvieras debajo del agua.
close your ears when you're under water.

Si fueras
una ballena
jorobada,
podrías
escuchar
sonidos a
cientos de
millas de
distancia.

If you're a
humpback
whale, you
hear sounds
hundreds of
miles away.

¿Qué harías con una cola como esta?

What do you do with a tail like this?

Si fueras
una jirafa,
espantarías
las moscas
molestas con
la cola.

If you're a
giraffe, you
brush off
pesky flies
with your
tail.

Si fueras un zorrillo,
levantarías la cola
para avisar que estás
a punto de lanzar
un espray apestoso.

If you're a skunk,
you lift your tail to
warn that a stinky
spray is on the way.

Si fueras una lagartija,

If you're a lizard, you break off your

perderías la cola para escaparte.
tail to get away.

Si fueras un escorpión, usarías la cola
para dar picaduras desagradables.
If you're a scorpion,
your tail can give a nasty sting.

Si fueras un
mono, usarías
la cola para
colgarte de los
árboles.

If you're
a monkey,
you hang
from a tree
by your tail.

¿Qué harías
con unos ojos
como estos?

What do you
do with eyes
like these?

Si fueras un águila,
podrías ver animales muy
pequeños desde lo alto.

If you're an eagle,
you spot tiny animals
from high in the air.

Si fueras un camaleón
podrías ver en dos direcciones
al mismo tiempo.

If you're a chameleon,
you look two ways at once.

Si fueras un
pez de cuatro
ojos, podrías
ver en la
superficie y
debajo del
agua al mismo
tiempo.

If you're a
four-eyed
fish, you
look above
and below
the water
at the same
time.

Si fueras
un gálago,
podrías ver en
la oscuridad de
la noche con tus
grandes ojos.

If you're a
bush baby,
you use your
large eyes to
see clearly
at night.

Si fueras un lagarto de cuernos cortos, lanzarías sangre por los ojos.

If you're a horned lizard, you squirt blood out of your eyes.

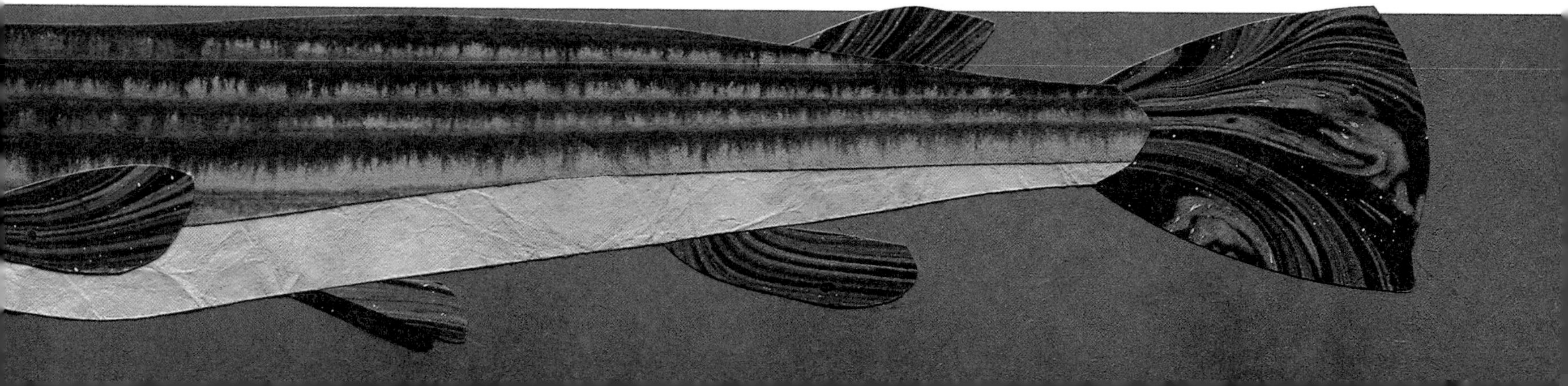

¿Qué harías con

What do you do

unas patas como estas?

with feet like these?

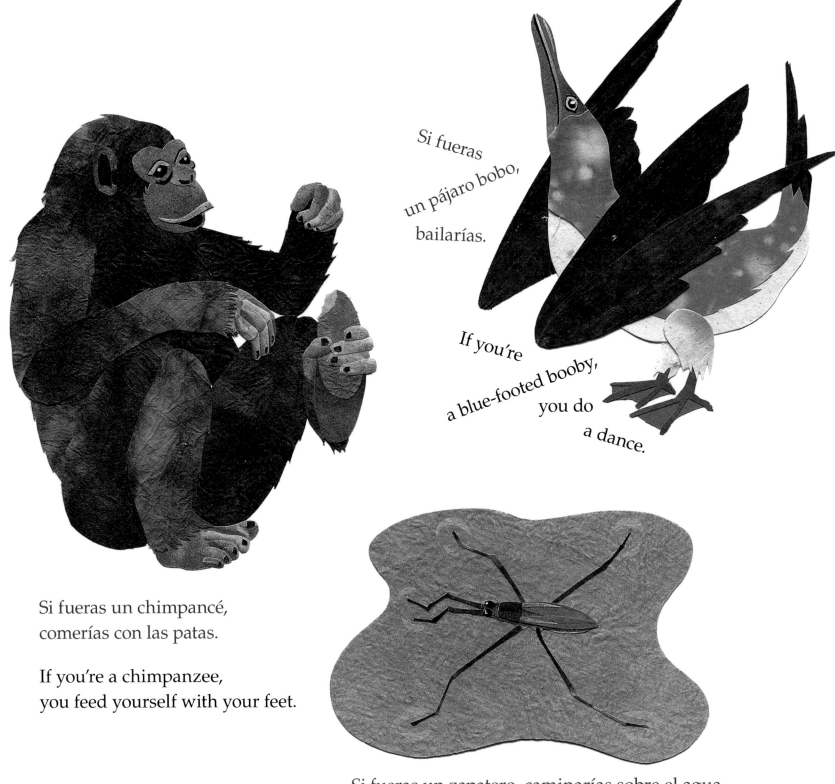

Si fueras
un pájaro bobo,
bailarías.

If you're
a blue-footed booby,
you do
a dance.

Si fueras un chimpancé,
comerías con las patas.

If you're a chimpanzee,
you feed yourself with your feet.

Si fueras un zapatero, caminarías sobre el agua.

If you're a water strider, you walk on water.

Si fueras un geco, usarías tus patas pegajosas para caminar por el cielorraso.

If you're a gecko, you use your sticky feet to walk on the ceiling.

Si fueras una cabra blanca,

saltarías entre las rocas

de las montañas.

If you're a mountain goat,

you leap from ledge to ledge.

¿Qué harías con una boca como esta?

What do you do with a mouth like this?

Si fueras un pelícano, usarías la boca como una red para atrapar peces.

If you're a pelican, you use your mouth as a net to scoop up fish.

Si fueras una serpiente comedora de huevos, por tu boca entrarían huevos más grandes que tu cabeza.

If you're an egg-eating snake, you use your mouth to swallow eggs larger than your head.

Si fueras un mosquito, usarías la boca para chupar sangre.

If you're a mosquito, you use your mouth to suck blood.

Si fueras
un pez arquero,
atraparías insectos
disparándoles un
chorro de agua.

If you're an archerfish,
you catch insects by
shooting them down
with a stream
of water.

Si fueras un oso hormiguero, capturarías termitas con tu larga lengua.

If you're an anteater, you capture termites with your long tongue.

NARICES/NOSES

El **ornitorrinco** es un animal poco común que vive en los arroyos, estanques y ríos de Australia. Es un mamífero, pero pone huevos. Tiene patas en forma de palma. Los machos tienen espuelas venenosas en las patas traseras. Este veneno no mata a los humanos, pero si un ornitorrinco te pica, puede ser muy doloroso. En animales pequeños, la picadura puede ser letal. El ornitorrinco cierra los ojos debajo del agua y utiliza su hocico sensitivo para detectar a la distancia los impulsos eléctricos que emiten sus próximas presas. Luego, remueve el lodo con el hocico para atrapar peces, ranas e insectos. Los ornitorrincos suelen medir unas 20 pulgadas de largo y pesar unas 5 libras.

The **platypus**, a very unusual animal, lives in streams, ponds, and rivers in Australia. It's a mammal, but it lays eggs. Its feet are webbed, and the males have poisonous spurs on their back legs. Platypus poison probably wouldn't kill a person, but getting spurred is very painful and can be deadly for small animals. The platypus closes its eyes under water and uses its sensitive bill to detect the faint electric pulses emitted by its prey. Then with its bill it sifts though the mud for these small fishes, frogs, and insects. Playpuses are usually about 20 inches long and weigh about 5 pounds.

La **hiena** vive en África y en algunas partes de Asia, y se la considera un animal carroñero. Si bien suele serlo, también es un gran cazador que actúa en manada para atrapar animales de pastoreo mucho más grandes que ella. Llega a pesar hasta 150 libras, tiene un olfato muy agudo y puede detectar a sus presas a grandes distancias.

The **hyena**, found in Africa and parts of Asia, is usually thought of as a scavenger. Though hyenas are scavengers at times, they are also accomplished hunters, working in packs to pull down grazing animals that are much larger than themselves. Weighing up to 150 pounds, the hyena has an exceptionally keen nose and is able to detect prey at great distances.

El **elefante africano** es el animal terrestre más grande del mundo. Puede medir hasta 13 pies de altura y pesar más de 14,000 libras. Una de sus características más raras es su larga nariz, o trompa. Con ella, el elefante puede respirar, recoger cosas, succionar y lanzar agua, comunicarse con otros elefantes, bañarse y defenderse. La trompa sola puede pesar 400 libras y medir 6 pies de largo. En su extremo tiene dos proyecciones en forma de dedo que le permiten agarrar hojas, pasto y frutas para alimentarse. El cuerpo humano tiene más de 600 músculos, ¡y en la trompa del elefante hay más de 100,000!

The world's largest land animal, the **African elephant** can stand 13 feet tall and weigh more than 14,000 pounds. One of the elephant's most unusual features is its long nose, or trunk. With its trunk an elephant can breathe, pick things up, suck up and spray water, communicate with other elephants, bathe, and defend itself. The trunk alone may weigh 400 pounds and be more than 6 feet long. It has two thumblike projections on the end that allow the animal to grasp the leaves, grass, and fruit it likes to eat. The entire human body has more than 600 muscles, but there are as many as 100,000 muscles in an elephant's trunk.

El **caimán americano** vive en pantanos y ríos del sudeste de Estados Unidos. Llega a medir 14 pies de largo y a pesar 1000 libras. Se alimenta de peces, tortugas, pájaros y otros animales pequeños. Usa la nariz y la cola para cavar "trampas de caimán", que son hoyos en los pantanos, tan grandes como una piscina de natación. Estos hoyos se mantienen llenos de agua aun en épocas de sequía, sirviendo como fuente de agua para otros animales. El caimán se esconde muy quieto en el agua, dejando solo los ojos y la nariz en la superficie, a la espera de su presa. Cuando algún animal desafortunado se acerca, el caimán usa su cola para lanzarse velozmente sobre él y atraparlo.

The **American alligator** is found in swamps and rivers in the southeastern United States. Alligators grow to be 14 feet long and weigh as much as 1,000 pounds. They eat fish, turtles, birds, and other small animals. Alligators use their noses and tails to dig "gator holes," some as big as swimming pools, in the swamp. These holes don't dry up in times of drought, providing other animals with a source of water. Alligators hunt by lying quietly in the water, with only their eyes and noses sticking out. If an unlucky animal gets close enough, the alligator uses its powerful tail to lunge forward and grab it.

El **topo de nariz estrellada** tiene veintidós "dedos" carnosos en la punta del hocico. Este tipo de topo pasa toda la vida bajo tierra. Allí sus ojos no le sirven, por eso usa la nariz para poder moverse por laberintos de túneles. El topo se alimenta de lombrices, caracoles e insectos que encuentra con la ayuda de su sensitiva nariz, usando tanto el olfato como el tacto. Este topo llega a medir 7 pulgadas de largo.

The **star-nosed mole** has twenty-two fleshy "fingers" on the end of its nose. This mole spends its whole life underground, where eyes are useless, so it uses its nose to find its way through a maze of tunnels. The mole eats worms, snails, and insects that it locates with the help of its sensitive nose, using both smell and touch. The star-nosed mole grows to 7 inches in length.

OREJAS/EARS

El **murciélago de alas amarillas**, al igual que todos los murciélagos, emite una serie constante de clics o piadas mientras vuela. La mayoría de estos sonidos son tan agudos que los humanos no los pueden oír. Se caracterizan por crear un eco al rebotar en los objetos cercanos. Al oír ese eco, el murciélago puede moverse en la oscuridad, sortear obstáculos y atrapar insectos voladores para comérselos. El murciélago de alas amarillas vive en África central y tiene una envergadura de aproximadamente 14 pulgadas.

The **yellow-winged bat**, like all bats, makes a constant series of clicks or chirps as it flies. Most of these sounds are pitched too high for humans to hear. These sounds bounce, or echo, off nearby objects. By listening to the echoes, a bat can maneuver in the dark, avoid obstacles, and even find and catch the flying insects it eats. The yellow-winged bat lives in central Africa and has a wingspan of about 14 inches.

Los **grillos negros** tienen las orejas en las patas delanteras. En su caparazón externa dura hay unas aberturas que llevan a unas cámaras que tiene en las patas. Cuando el grillo apunta su cuerpo (y junto con él las orejas) en diferentes direcciones, puede detectar de dónde vienen los sonidos. Estos grillos miden aproximadamente ¾ de pulgada y viven en Norteamérica, siendo fácilmente reconocibles por el sonido que hacen al frotar sus alas. Cuanto más calor hace, más rápidamente emiten el sonido. Si cuentas el número de sonidos que un grillo hace en 15 segundos y le sumas 40, sabrás casi con precisión qué temperatura hace (en grados Fahrenheit).

The **field cricket's** ears are on its two front legs. Openings in the cricket's hard outer covering lead to chambers inside each leg. By pointing its body (and its ears) in different directions, the cricket can tell where a sound is coming from. Field crickets, which are about ¾ inch long and live throughout North America, make their familiar chirping sound by rubbing the edges of their wings together. The warmer the temperature, the faster they chirp. Counting the number of chirps in 15 seconds and addding 40 gives a fairly accurate temparature reading (in degrees Fahrenheit).

La **liebre antílope** es una especie de liebre norte-americana, de la misma familia que los conejos. Tiene orejas muy largas, de hasta un tercio de la longitud del cuerpo. Vive en los climas desiertos calurosos del suroeste de Estados Unidos. Con sus largas orejas se mantiene fresca al irradiar el exceso de calor del cuerpo. La liebre antílope se alimenta de pasto y arbustos, y puede crecer hasta los 2 pies de largo.

The **antelope jackrabbit** is actually a hare, a close relative of rabbits. It has very long ears, up to a third its body length, and lives in the hot desert climate of the American Southwest. Its large ears help it stay cool by radiating excess body heat. The antelope jackrabbit eats grass and shrubs and can grow to 2 feet in length.

Los pequeños orificios que ves en la cabeza de la **ballena jorobada** son sus oídos. Este animal debe tener un cuerpo aerodinámico para moverse rápidamente en el agua. Si tuviera orejas, tendría menos velocidad. Igualmente, la ballena jorobada tiene un oído muy agudo. Se comunica con otras ballenas cantando, y aunque no sepamos qué significan esas canciones, sí sabemos que se puede comunicar a cientos de millas de distancia. Es un mamífero muy grande de hasta 50 pies de largo, que pesa una tonelada por pie. Se alimenta filtrando millones de partículas del plancton que se encuentra en el agua. Vive en todos los océanos del mundo.

The ears of the **humpback whale** are visible only as small openings in the whale's head. Whales need streamlined bodies that can move easily through the water, and external ears would slow them down. The humpback's hearing, however, is very sensitive. These whales communicate with one another by singing songs, and though we don't know exactly what the songs mean, we do know that whales can hear one another when they're hundreds of miles apart. These large mammals can be 50 feet long and weigh a ton per foot. They are filter feeders, eating millions of tiny plankton every day. Humpback whales are found in all of the world's oceans.

El **hipopótamo** se quema con el sol fácilmente, por eso pasa gran parte del tiempo bajo el agua. Es un animal muy grande, de 9 pies de largo y 3,000 libras de peso. Vive en África y por la noche pasta alrededor de lagos y ríos, donde pasa la mayor parte del tiempo. Cuando está debajo de la superficie, cierra las orejas y la nariz, pudiendo estar así hasta 30 minutos.

The **hippopotamus** is easily sunburned and spends much of its time under water. These large animals—9 feet long and easily weighing 3,000 pounds—live in Africa and graze at night on grass and other plants around the lakes and rivers where they spend most of their time. Hippos close their ears and noses when they go under water, where they can stay as long as thirty minutes at a time.

COLAS/TAILS

El **zorrillo listado** vive en casi toda Norteamérica. Como todo zorrillo, tiene la capacidad de defenderse de sus atacantes lanzándoles un líquido en forma de espray, el cual tiene un olor muy penetrante y provoca mucho ardor en los ojos. El zorrillo es omnívoro (come casi todo, incluidos insectos, peces, mamíferos pequeños, huevos de ave, frutas y semillas). Aunque por lo general es pequeño, puede llegar a medir algo más de 2 pies de largo y a pesar unas 14 libras. El zorrillo listado primero le advierte a su enemigo que se aleje levantando la cola. Si el enemigo no se aleja, se para en las patas delanteras, arquea la espalda y lanza su espray por encima de su cabeza, de manera que nunca le da la espalda a su enemigo. El espray del zorrillo llega hasta diez pies de distancia.

The **striped skunk** is found throughout much of North America. Like other skunks it has the ability to spray attackers with a foul-smelling, eye-stinging liquid. Skunks are omnivores—they eat just about anything, including insects, fish, small mammals, bird eggs, fruit, and seeds. They can be longer than 2 feet and weigh as much as 14 pounds, though most are smaller. The striped skunk first warns an enemy to back off by raising its tail. If that doesn't work, it stands on its front legs, arches its back, and shoots its spray over its head, so it never has to turn its back on an attacker. Skunk spray is effective up to ten feet away.

La **jirafa** es el animal más alto del mundo. Vive en las sabanas de África y llega a medir 19 pies de altura. Se alimenta de las hojas de las copas de los árboles de esas praderas, a las que otros animales de pastoreo no pueden alcanzar. Su principal enemigo es el león, y se protege de él dando patadas con sus fuertes patas traseras. Con su larga cola espanta las moscas y otros insectos de su espalda.

The world's tallest animal is the **giraffe**. It lives on the savannahs of Africa and can grow up to 19 feet in height. The giraffe feeds on leaves at the tops of the trees that dot these grasslands—leaves that other grazing animals can't reach. It protects itself against its primary enemy, the lion, with kicks from its powerful back legs and uses its long tail to brush flies and other insects from its back.

El **eslizón de cinco líneas** es una lagartija de cola larga. Cuando es atacado pierde la cola, que continúa retorciéndose para distraer a su depredador y darle al eslizón tiempo para escapar. El eslizón mide entre 5 y 8 pulgadas de largo, vive en el este de Estados Unidos y se alimenta de insectos y lombrices. Perder la cola no le hace daño a la lagartija; muy pronto le crecerá otra.

The **five-lined skink** has a long tail that can break off if it is attacked. The wriggling tail can distract predators, allowing the lizard to get away. This skink, which is 5 to 8 inches long, lives in the eastern part of the United States and eats insects and worms. Losing its tail doesn't really hurt the lizard—it soon grows a new one.

El **escorpión** es un viejo pariente de la araña. Se han encontrado fósiles de escorpión de más de 400 millones de años, algunos de los cuales miden 3 pies de largo. En la actualidad, los escorpiones miden un máximo de 8 pulgadas y media. Viven en los climas cálidos de todo el mundo, alimentándose de arañas, lagartijas y mamíferos pequeños. Son cazadores nocturnos y localizan a sus presas al tocarlas para luego clavarles el aguijón venenoso que tienen en la punta de la cola, y así paralizarlas para que no escapen.

The **scorpion** is an ancient relative of the spider. Scorpion fossils older than 400 million years have been found, some of them 3 feet long. Today, scorpions grow to a maximum length of 8½ inches. They live in warm climates throughout the world and eat spiders, lizards, and small mammals. Hunting at night, scorpions locate their prey by touch and use the poison stinger at the end of their tail to paralyze an animal before it can get away.

El **mono araña** usa la cola como una quinta "mano". El extremo de su cola no tiene pelo y presenta una hendidura que le ayuda a agarrar cosas. El mono araña, junto con otros monos de Centroamérica y Suramérica, forman el grupo de monos del Nuevo Mundo. Estos son los únicos primates con cola prensil, es decir que les permite agarrar cosas. La cola del mono araña es más larga que su cuerpo, el cual puede medir 2 pies de altura. Este animal suele colgarse de la cola mientras come frutas, hojas y flores.

The **spider monkey** can use its tail like a fifth "hand." The end of its tail has a patch of bare skin with a special groove that helps it grasp things. The spider monkey, along with the other monkeys living in Central and South America, is a New World monkey. New World monkeys are the only primates with a grasping, or prehensile, tail. The spider monkey's tail is longer than its body, which can be as tall as 2 feet. The spider monkey often hangs by its tail while eating fruit, leaves, and flowers.

OJOS/EYES

El **camaleón** vive en África, Asia y Europa. Caza insectos confiando en su vista, ya que sus ojos separados le permiten tener una visión amplia y una mayor percepción de la profundidad. También puede mover cada ojo de manera independiente, en cualquier dirección, lo que le ayuda a cuidarse de los depredadores. El camaleón atrapa insectos sacando rápidamente su lengua pegajosa, que es más larga que su cuerpo. Este tipo de lagarto, que vive en los árboles, llega a medir 27 pulgadas de largo y tiene la capacidad de cambiar el color de la piel para camuflarse con el medio ambiente.

The **chameleon** is found in Africa, Asia, and Europe. It hunts insects by sight, relying on its wide-set eyes to give it good depth perception. It also has to watch out for predators, and can swivel each of its eyes independently in any direction. The chameleon catches insects by quickly flicking out its sticky tongue, which is longer than its body. This tree-dwelling lizard grows up to 27 inches in length and has the unusual ability to change its skin color to match its surroundings.

El **águila calva** vive en casi todas partes de Norteamérica. Es el ave nacional de Estados Unidos. Para cazar, usa su vista mientras vuela muy alto, avistando conejos, aves pequeñas y peces. Su visión es entre cuatro y ocho veces más aguda que la de los humanos. El águila calva es un ave grande, con una envergadura de más de 7 pies. Al caer en picada para atrapar a su presa, puede alcanzar una velocidad de 150 millas por hora. Esta águila no es realmente calva, sino que su cabeza está cubierta de plumas blancas.

The **bald eagle** lives throughout much of North America and is the national bird of the United States. It hunts by sight, soaring high in the air and looking for rabbits, small birds, and fish. Its eyesight is four to eight times as sharp as that of a human. The bald eagle is a large bird, with a wingspan of more than 7 feet. When it dives to attack prey, it can reach speeds faster than 150 miles per hour. The bald eagle is not really bald. Its head is covered with white feathers.

El **lagarto de cuernos cortos** vive en el suroeste de Estados Unidos. Es pequeño, de 3 a 5 pulgadas de largo, y está cubierto de púas filosas. Se alimenta de hormigas y otros insectos. Al sentirse amenazado por sus enemigos, se protege de una forma muy particular: primero se queda inmóvil; si eso no funciona, llena su cuerpo de aire para parecer más grande. Y si aún se siente amenazado, lanza chorros de sangre por los ojos. Su atacante queda confundido y el lagarto con cuernos tiene tiempo para escapar.

The **horned lizard**, often called a "horny toad," lives in the American Southwest. It is small, 3 to 5 inches in length, and covered with sharp spikes. This lizard feeds on ants and other insects and protects itself in an unusual way. If threatened, it first tries holding very still. If that doesn't work, it puffs itself up with air to make itself look larger. If it still feels threatened, it will squirt streams of blood from the corners of its eyes. This probably confuses an attacker, giving the horned lizard time to get away.

En los ríos de Suramérica vive un pez que puede ver sobre la superficie y debajo del agua al mismo tiempo. El **pez de cuatro ojos** tiene en realidad solo dos ojos, pero cada ojo está dividido y tiene pupilas, iris y córneas separados. Cuando nada por la superficie, la mitad superior de los ojos puede estar atenta a depredadores o buscar insectos para comer. La mitad inferior, al mismo tiempo, busca presas o está atenta a depredadores que puedan estar en el fondo. El pez de cuatro ojos mide unas 10 pulgadas de largo.

In the rivers of South America lives a fish that can look above and below the water at the same time. The **four-eyed fish** actually has just two eyes, but each eye is divided, with separate pupils, irises, and corneas. As it swims along the surface of the water, the top half of each eye can look up and watch for predators or insects to eat. The lower half, meanwhile, is looking down to find prey or watch for danger that might come from below. The four-eyed fish is about 10 inches long.

Cuando los exploradores ingleses llegaron a África, por las noches oían sonidos que parecían el llanto de un bebé. Era el sonido que hace el **gálago**, un pariente del lémur y del mono. Por eso en inglés se lo conoce como *bush baby*, que se traduce como "el bebé del bosque". Este mamífero vive en los árboles, mide solo entre 6 y 9 pulgadas y pesa menos de media libra. Duerme de día y por la noche caza insectos, lagartijas y ratones. El gálago tiene ojos redondos y muy grandes que le permiten ver en la oscuridad de la noche. Sus ojos no se mueven en la cavidad ocular, por eso el gálago mueve constantemente la cabeza a un lado y otro.

British explorers in Africa heard sounds in the night that sounded like the cries of lost children. That's how the **bush baby**, a relative of the lemur and monkey, got its name. This tree-dwelling mammal is only 6 to 9 inches tall and weighs less than half a pound. It sleeps during the day and hunts insects, lizards, and mice at night. The bush baby has very large, round eyes that allow it to see in dim nighttime light. Its eyes don't move in their sockets, so the bush baby is constantly turning its head from side to side.

PATAS/FEET

El **chimpancé** es el animal más cercano al humano. Es un animal inteligente que vive en los bosques de África. Generalmente mide 5 pies de alto y pesa 135 libras. Tiene dedos pulgares, igual que los humanos. A diferencia de estos, también tiene un pulgar grande en los pies, con una forma que le permite agarrar objetos fácilmente. Se alimenta de frutas, hojas, insectos y, ocasionalmente, de animales pequeños.

Chimpanzees are humans' closest animal relatives. These intelligent animals live in the forests of Africa and are typically 5 feet tall and 135 pounds. Like people, they have an opposable thumb. Unlike us, they also have an opposable big toe. This allows them to pick up and manipulate things with their feet. They eat fruit, leaves, insects, and the occasional small animal.

El **pájaro bobo** macho usa sus brillantes pies azules para atraer a la hembra. Vive en las costas tropicales del Pacífico de Norteamérica y Suramérica, donde se alimenta únicamente de peces. Es un ave grande, con una envergadura de unos 5 pies. Para impresionar a la hembra, el macho baila elegantemente, levantando sus patas azules, una a la vez. Al mismo tiempo, apunta el pico al cielo, abre las alas y silba.

The male **blue-footed booby** uses its bright blue feet to attract a mate. Blue-footed boobies live on the tropical Pacific coasts of North and South America, where they catch the fish that make up their entire diet. They are large birds, with a wingspan of about 5 feet. When a male booby wants to impress a female, he does an elaborate dance, lifting his bright blue feet one at a time. At the same time, he points his beak to the sky, spreads his wings wide, and whistles.

El **zapatero común** vive en los ríos y estanques tranquilos de Estados Unidos. En el extremo de las patas tiene pequeños pelos que le permiten caminar sobre el agua. El zapatero no se hunde debido a la tensión que ejerce el agua (el mismo efecto que observas cuando se forman gotas de agua en una superficie encerada, como la de un auto). El zapatero mide menos de una pulgada. Puede esquiar en la superficie del agua y se alimenta de los insectos que flotan allí.

The **common water strider**, found throughout the United States, lives on calm rivers and ponds. On the ends of its long legs it has tiny hairs that enable it to walk on top of the water. The water strider doesn't sink because of surface tension (the same effect causes water to bead up on a waxed surface, like a car). The water strider, with a body less than an inch long, skates along on top of the water and eats dead insects that it finds floating there.

Si estuviste en el trópico, probablemente hayas visto pequeñas lagartijas caminando por las paredes y los techos. Este reptil ruidoso y comedor de insectos se llama **geco**. Es posible que su nombre provenga del extraño sonido que hace. Las plantas de las patas del geco están cubiertas de millones de pelitos y almohadillas que emiten pequeñas descargas eléctricas que le permiten adherirse a casi cualquier superficie, incluso al vidrio. La mayoría de los gecos mide unas 7 pulgadas de largo.

If you've spent time in the tropics, you've probably seen small lizards walking on the walls or ceiling. These noisy, insect-eating reptiles are **geckos**. Their name probably comes from the unusual chirping sound they make. The bottom of the gecko's feet are covered with millions of tiny hairs and pads that use an electrical charge to cling to just about any surface—even a sheet of glass. Most geckos are about 7 inches long.

La **cabra blanca** habita en las montañas del noroeste de Norteamérica. En realidad, no es una cabra, sino que es pariente de los antílopes. Vive en las laderas rocosas y escarpadas, donde está a salvo de casi todos los depredadores. Sus pezuñas especiales le permiten caminar por donde otros animales no pueden. Esas pezuñas tienen una parte externa dura, útil para agarrarse de salientes rocosas pequeñas, y una planta blanda antideslizante. La cabra blanca puede medir 4 pies y medio de alto y pesar 300 libras. Se puede mover muy fácilmente sobre casi cualquier acantilado escarpado. Sin embargo, uno de los peligros que enfrenta son las avalanchas y deslizamientos de rocas, los cuales matan más cabras blancas que los propios depredadores.

The **mountain goat**, found in the mountains of northwest North America, is not really a goat—it's more closely related to antelopes. This animal is at home on very steep, rocky slopes, where it is safe from most predators. The mountain goat has special hooves that allow it to travel where other animals can't. These hooves combine a hard outer covering, used for gripping small rock ledges, with a soft, nonskid pad. The mountain goat, which may be 4½ feet tall and weigh as much as 300 pounds, can move lightly and easily over almost sheer cliff faces. Avalanches and rockslides are dangerous, however: they kill more mountain goats than predators do.

BOCAS/MOUTHS

El **pelícano pardo** vive en las costas de Norteamérica y Suramérica. Tiene una gran bolsa de piel en la parte inferior del pico. Puede volar a sesenta o setenta pies de altura buscando peces. Cuando divisa un cardumen, se arroja en picada al agua y abre la boca. Su bolsa se expande como una red, pudiendo llenarse de tres galones de agua y pescado. Luego, el pelícano sale del agua para comerse los pescados. Los pelícanos son aves grandes que miden hasta 4 pies y medio de largo.

The **brown pelican**, found along the coasts of North and South America, has a large pouch of skin on the bottom part of its bill. The pelican flies sixty or seventy feet above the water, looking for fish. When it spots a school, it dives into the water and opens its mouth. Its pouch expands into a kind of net and can hold as much as three gallons of water and fish. The pelican then strains off the water and eats the fish. Brown pelicans are large birds, up to 4½ feet long.

El pequeño **mosquito** es el animal más peligroso para los humanos. En ciertas partes del mundo, puede propagar enfermedades mortales al chuparnos la sangre. Tiene una "boca" en forma de aguja, que clava en la piel de las personas o los animales. Por su delgado tubo, chupa la sangre y al mismo tiempo inyecta sustancias químicas en la piel que evitan que la sangre se coagule. Esas sustancias son las que nos hacen rascar cuando nos pica un mosquito.

The tiny **mosquito** is the animal that is most dangerous to humans. That's because in some parts of the world this insect can spread deadly diseases as it sucks blood. The mosquito has a special needlelike nose that it uses to pierce the skin of a person or animal. As it sucks blood through a hollow tube, it injects chemicals into the skin that keep the blood from clotting. These chemicals are what cause the uncomfortable itching we feel when bitten by a mosquito.

El **oso hormiguero gigante** vive en Centroamérica y Suramérica. Más que alimentarse de hormigas, su alimento principal son las termitas. Puede comer hasta 30,000 termitas por día. El oso hormiguero gigante puede medir 8 pies de largo y pesar 100 libras. Tiene una boca alargada y tubular, sin dientes. Su lengua pegajosa de 2 pies de largo le sirve para capturar insectos.

The **giant anteater** lives in Central and South America. Most of its diet consists of termites, rather than ants, and it can eat up to 30,000 of these a day. The giant anteater can be 8 feet long and weigh 100 pounds. It has an elongated, tubular mouth with no teeth and a tongue that is 2 feet long. It uses this sticky tongue to capture insects.

La **serpiente comedora de huevos** tiene mandíbulas que se pueden desconectar, y una piel muy elástica que le permite tragar huevos más anchos que su cuerpo. En ocasiones, puede tardar varias horas en tragar los huevos. No tiene dientes, pero en la garganta tiene un hueso especial con el que destroza los huevos. Durante la temporada de reproducción de aves come todos los huevos que puede, lo que le sirve de alimento para el resto del año. Esta serpiente africana mide unos 2 pies y medio de largo.

The **egg-eating snake** has jaws that can unhinge and very elastic skin, which allow it to eat eggs that are wider than its own body. It sometimes takes the snake several hours to swallow an egg. It has no teeth but breaks the egg with a special bone in its throat. This African snake eats as many eggs as it can during the birds' breeding season, then goes without food for the rest of the year. It grows to about 2½ feet in length.

El **pez arquero** busca insectos en las ramas que cuelgan cerca del agua. Sus grandes ojos están ubicados en la parte delantera de la cabeza, lo que le permite ver a gran distancia. Al divisar una mariposa, un escarabajo u otro insecto, el pez arquero le lanza chorros de agua por la boca para que su presa caiga al agua y poder comérsela. El pez arquero es pequeño, de unas 10 pulgadas de largo, y puede lanzar chorros de agua hasta 3 pies de distancia. Vive en las aguas tranquilas de África y Australia.

The **archerfish** hunts by looking for insects on branches hanging low over the water. It has large eyes set well forward on its head, which give it good depth perception. When it spots a butterfly, beetle, or other insect, the archerfish squirts water out of its mouth and knocks the insect into the water, where it can be eaten. This small fish, about 10 inches long, can shoot a stream of water as far as three feet. Archerfish live in quiet waters from the east coast of Africa to Australia.